String Concerto No.4

Op.112

By

Dubiell De Zarraga Lago

Score

String Concerto No.4

Op.112

Dubiell A. De Zarraga Lago

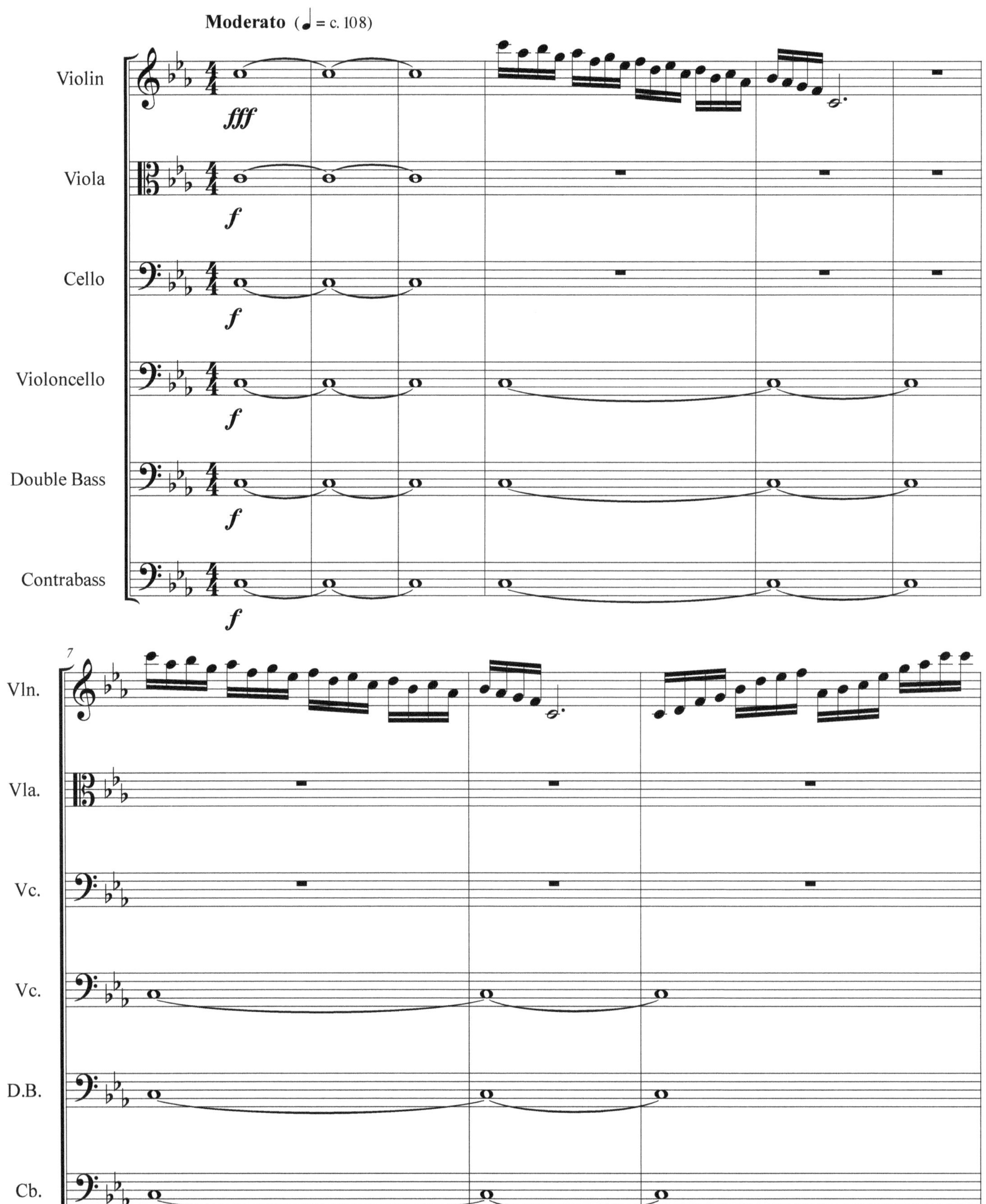

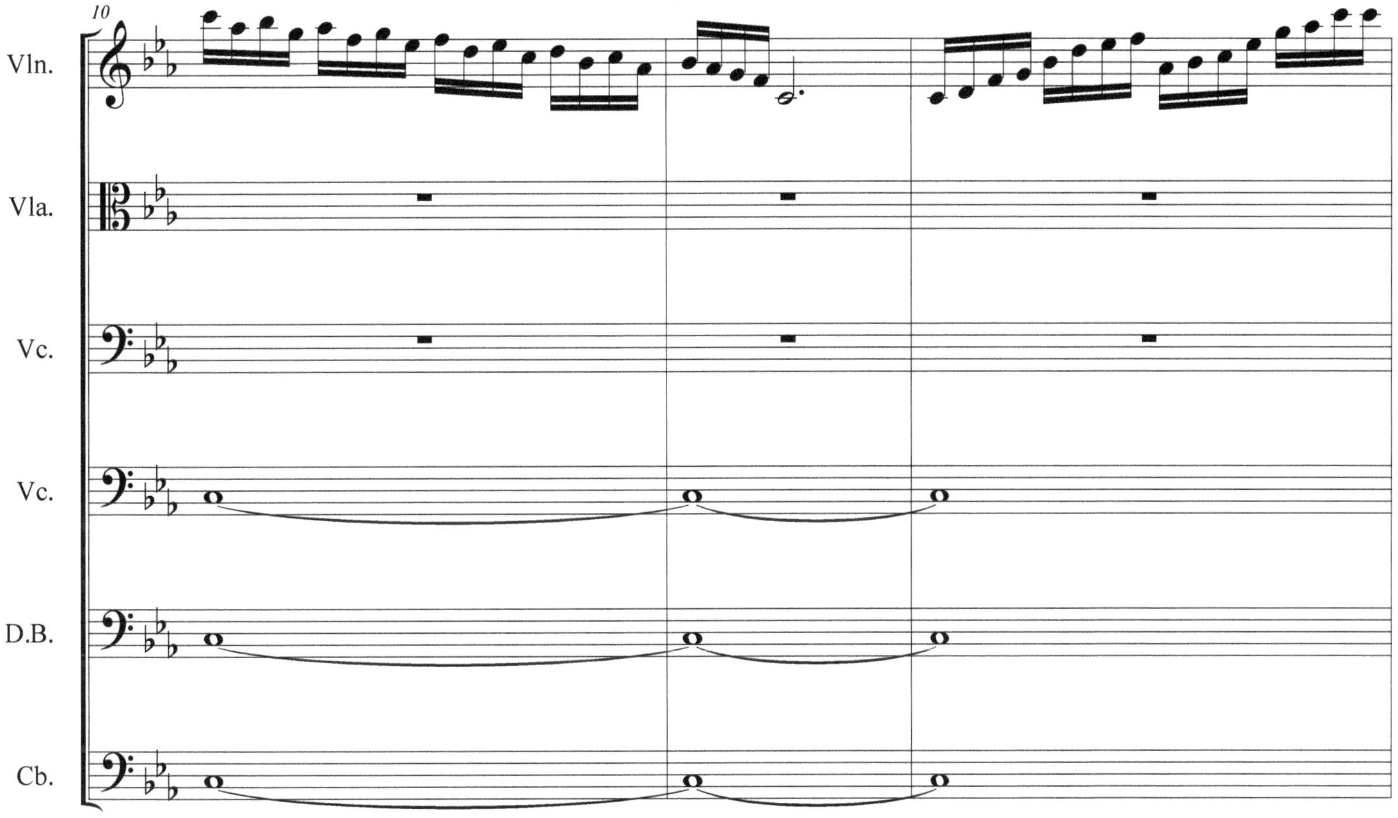

10

Vln.

Vla.

Vc.

Vc.

D.B.

Cb.

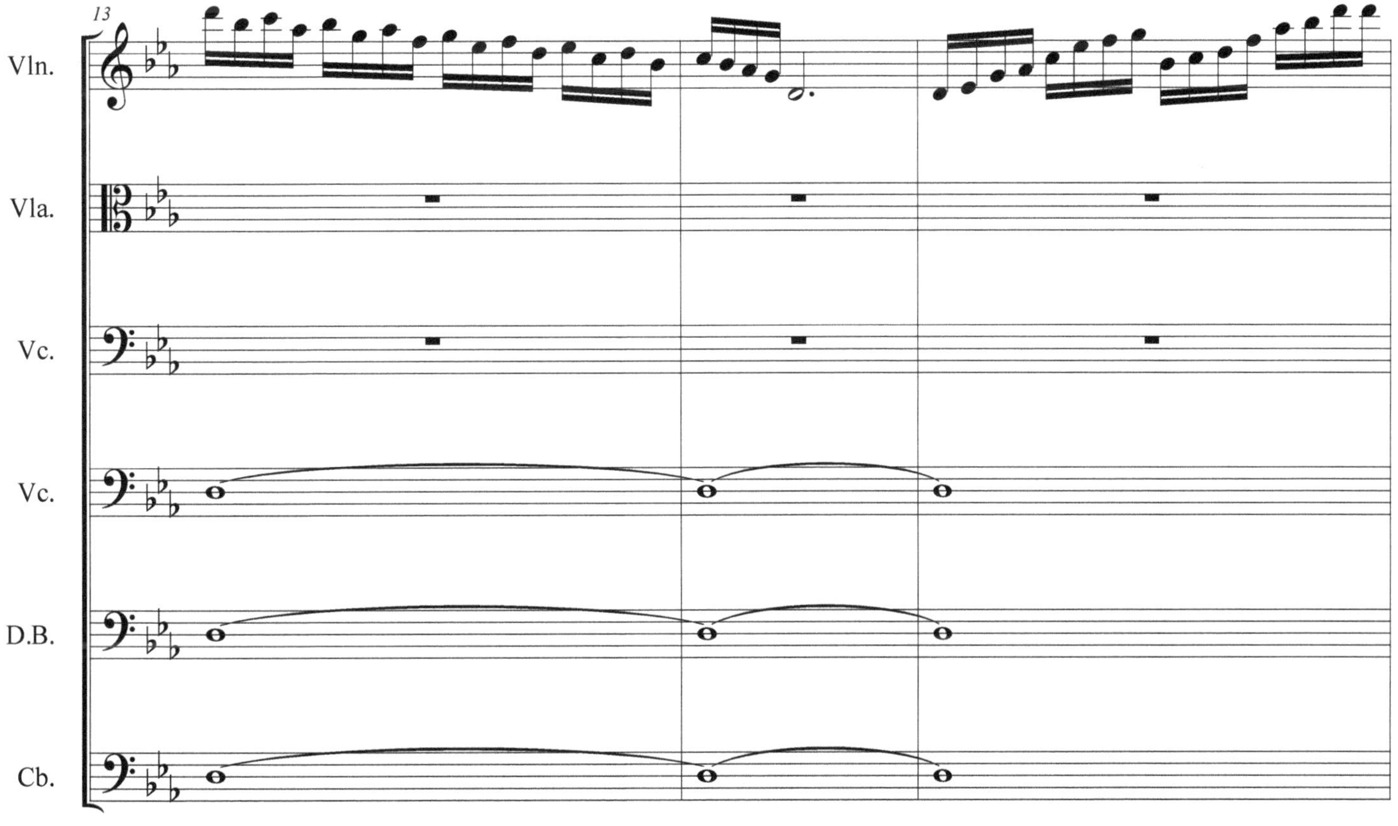

13

Vln.

Vla.

Vc.

Vc.

D.B.

Cb.

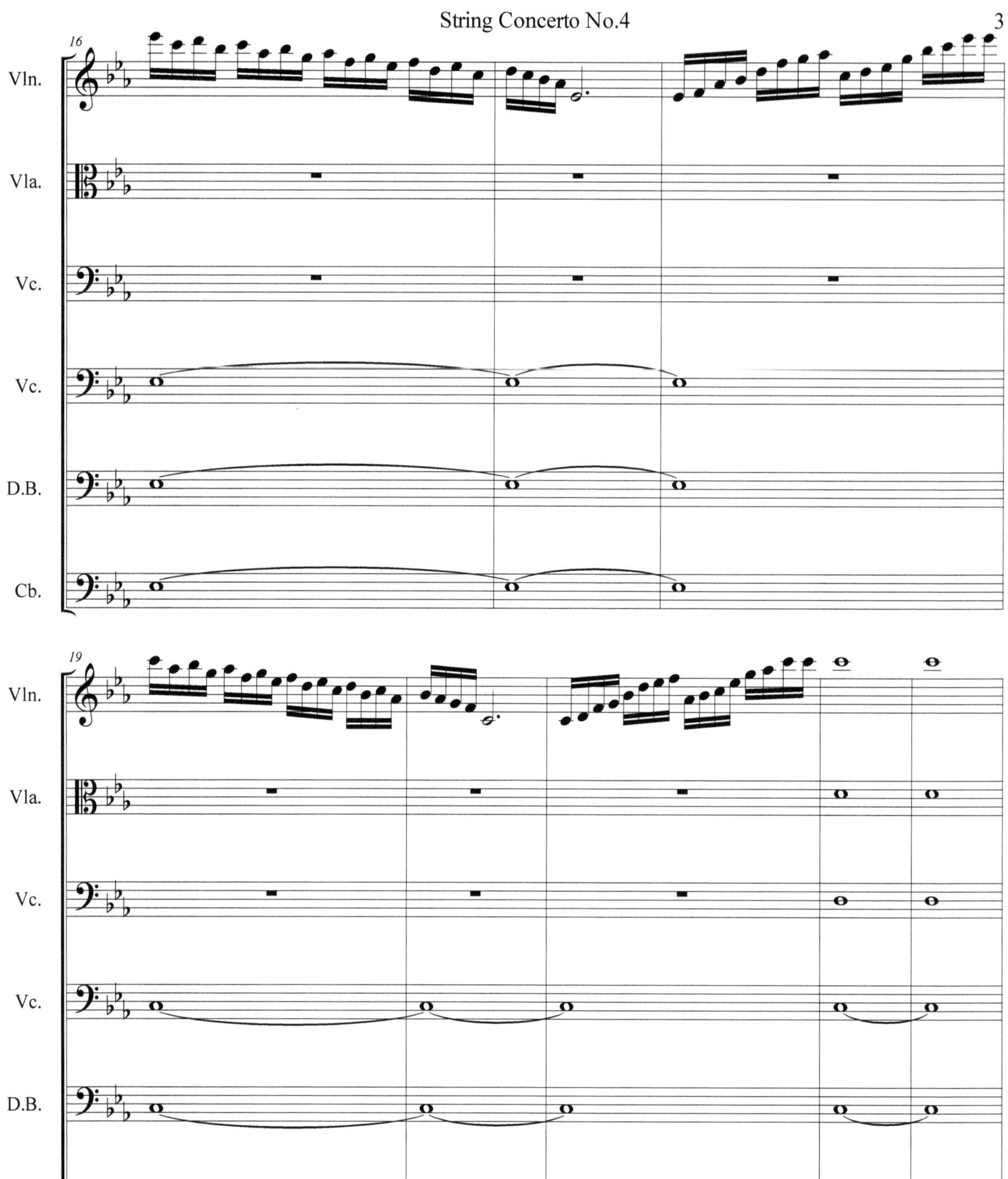
16
Vln.
Vla.
Vc.
Vc.
D.B.
Cb.
19
Vln.
Vla.
Vc.
Vc.
D.B.
Cb.

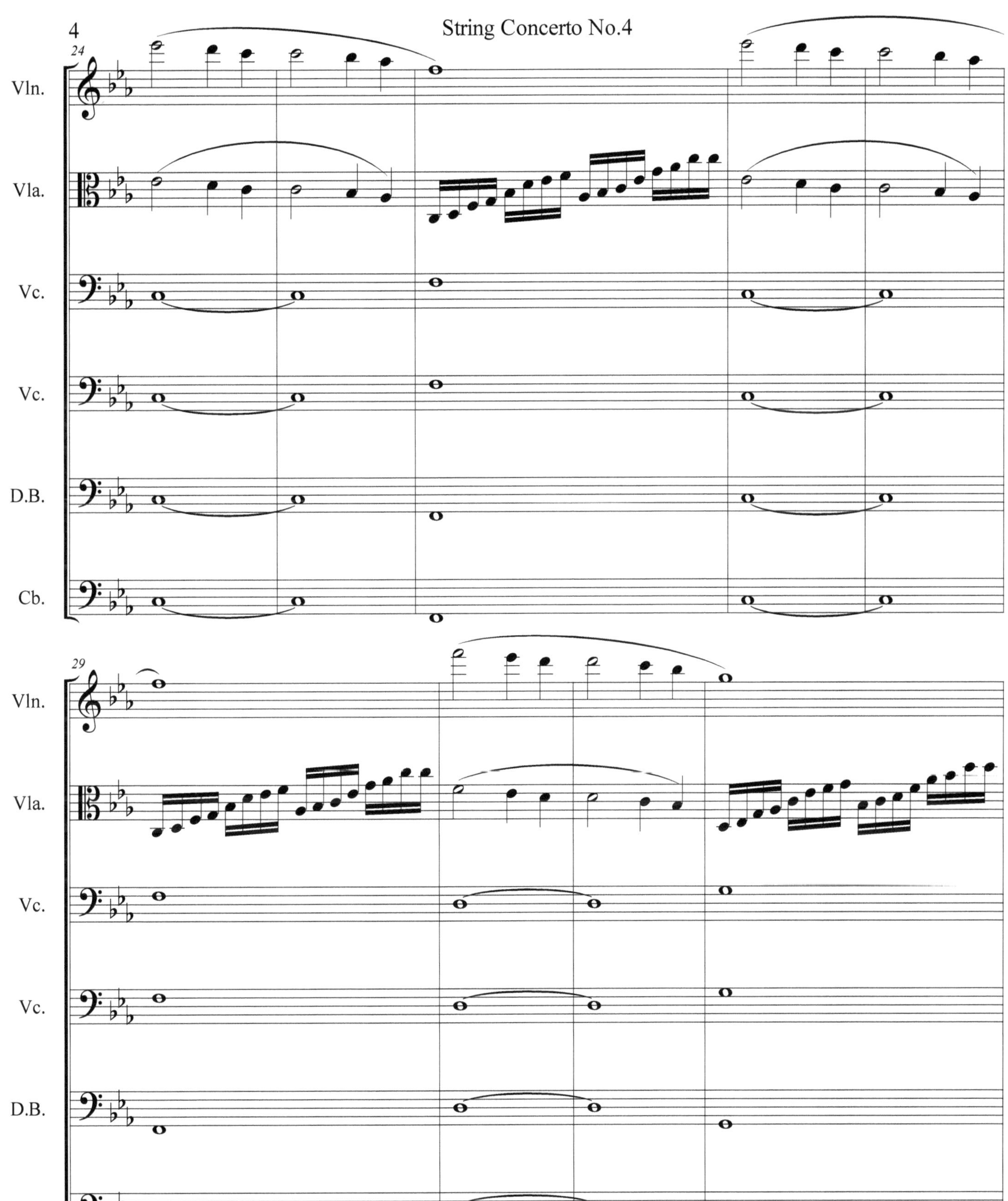
24
Vln.
Vla.
Vc.
Vc.
D.B.
Cb.
29
Vln.
Vla.
Vc.
Vc.
D.B.
Cb.

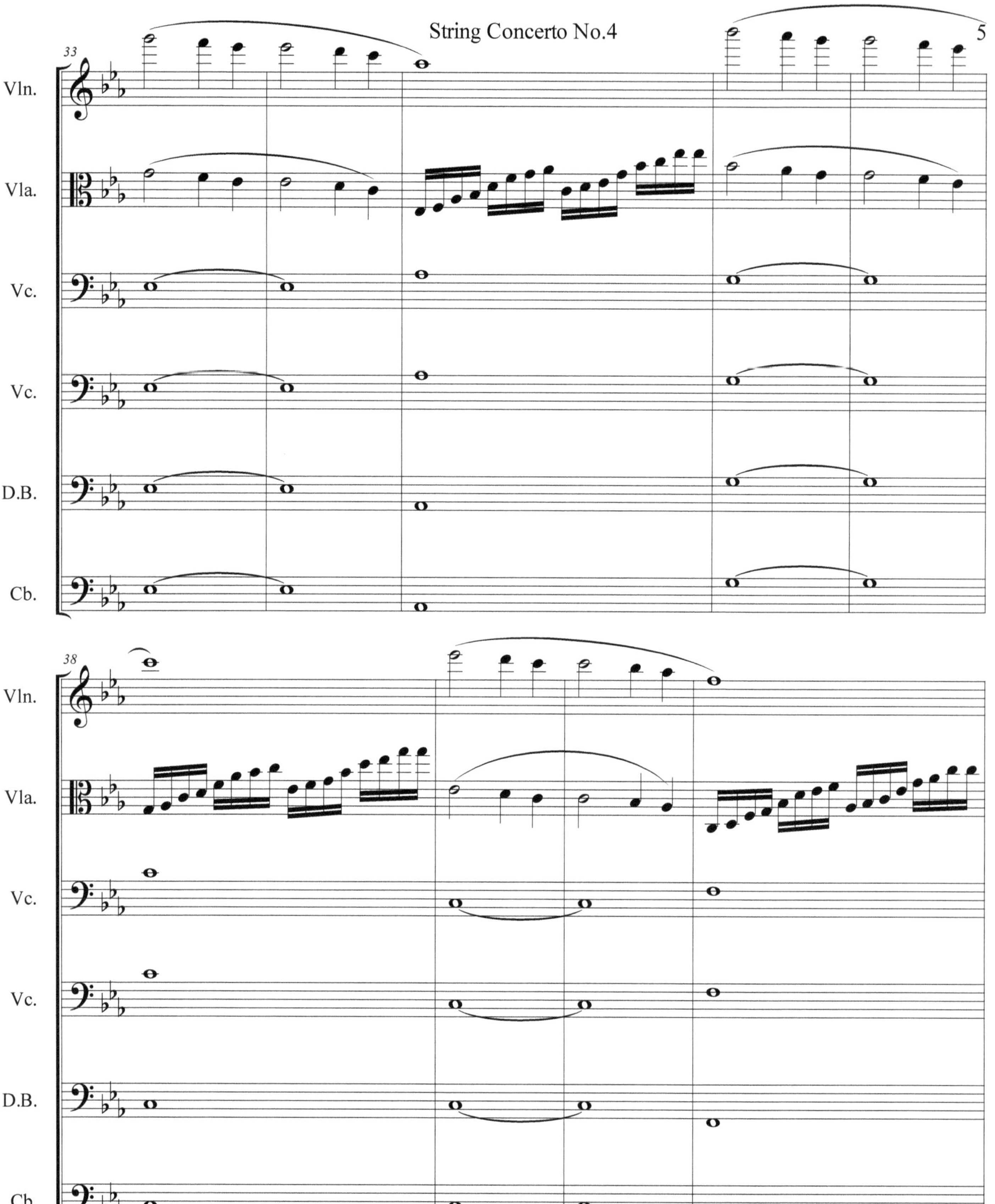
33
Vln.
Vla.
Vc.
Vc.
D.B.
Cb.
38
Vln.
Vla.
Vc.
Vc.
D.B.
Cb.

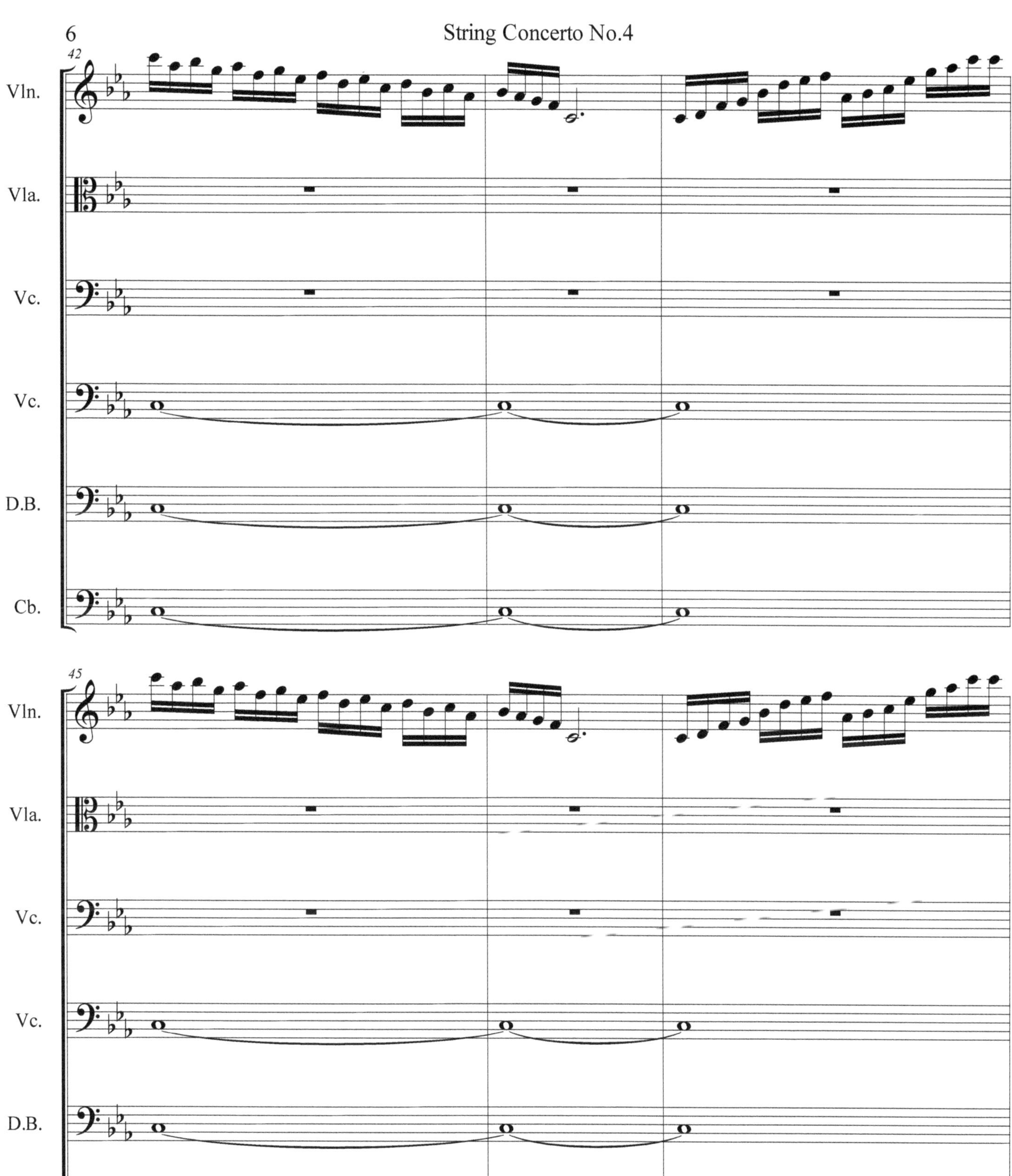
42
Vln.
Vla.
Vc.
Vc.
D.B.
Cb.
45
Vln.
Vla.
Vc.
Vc.
D.B.
Cb.

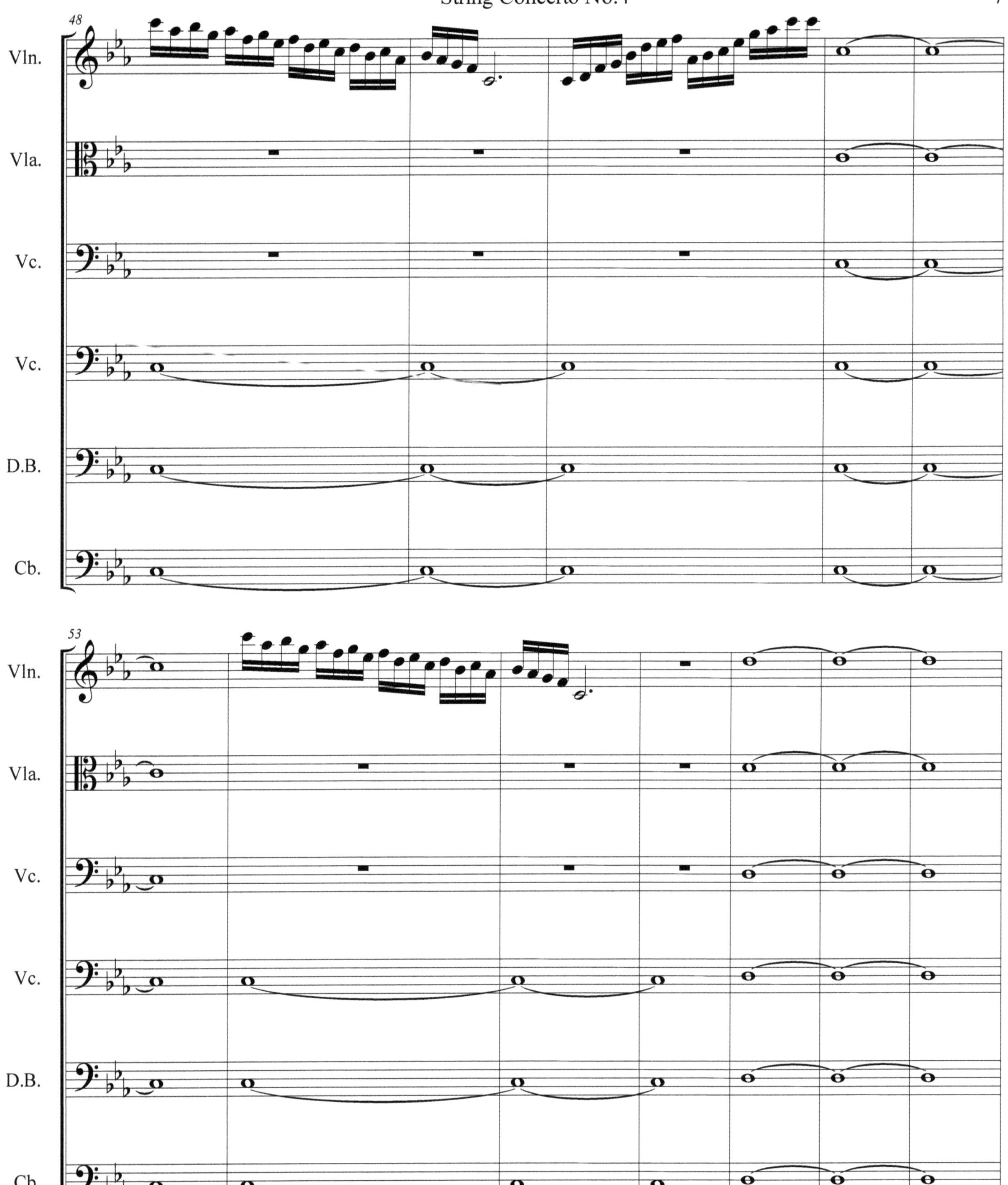
48
Vln.
Vla.
Vc.
Vc.
D.B.
Cb.
53
Vln.
Vla.
Vc.
Vc.
D.B.
Cb.

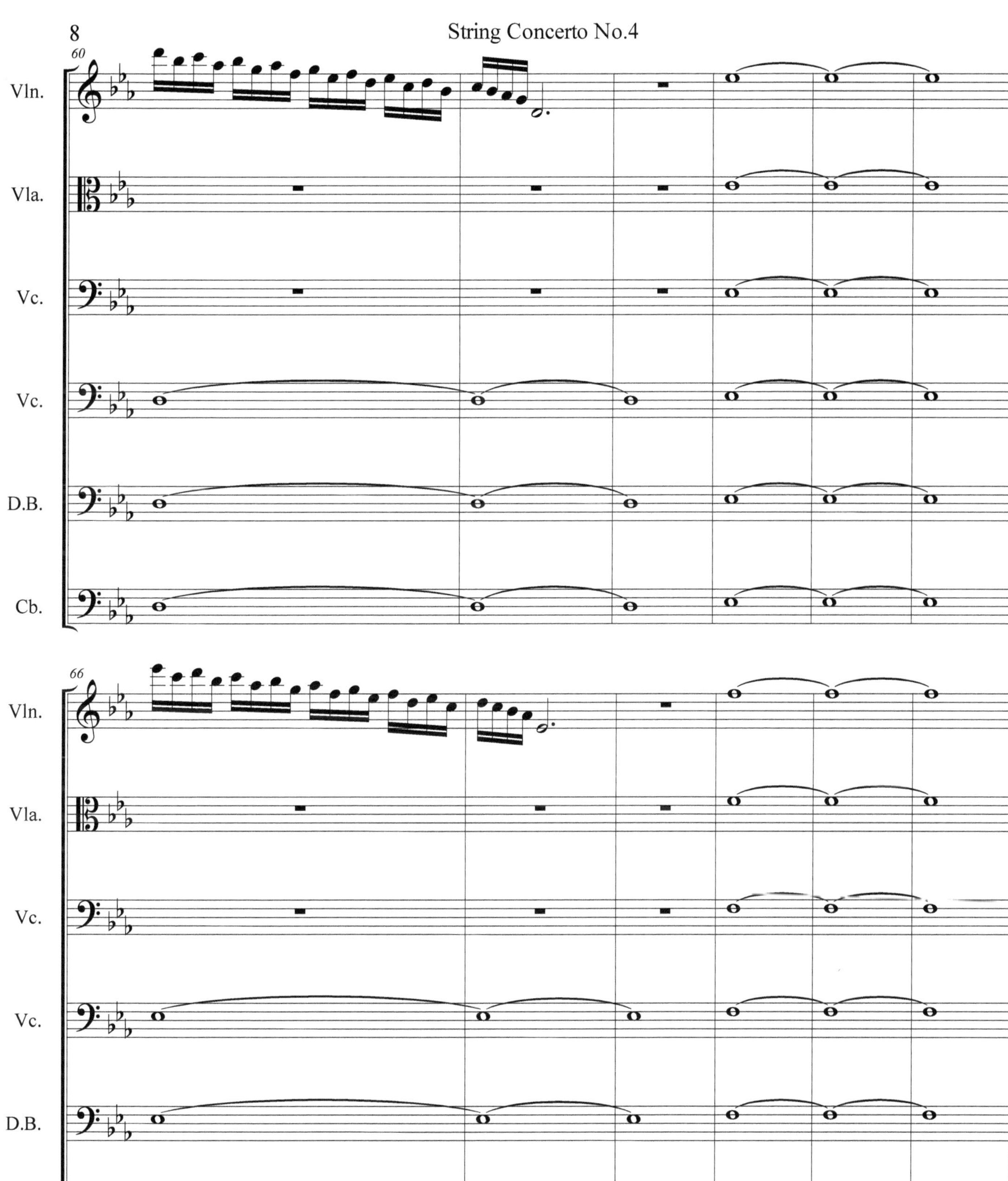
60
Vln.
Vla.
Vc.
Vc.
D.B.
Cb.
66
Vln.
Vla.
Vc.
Vc.
D.B.
Cb.

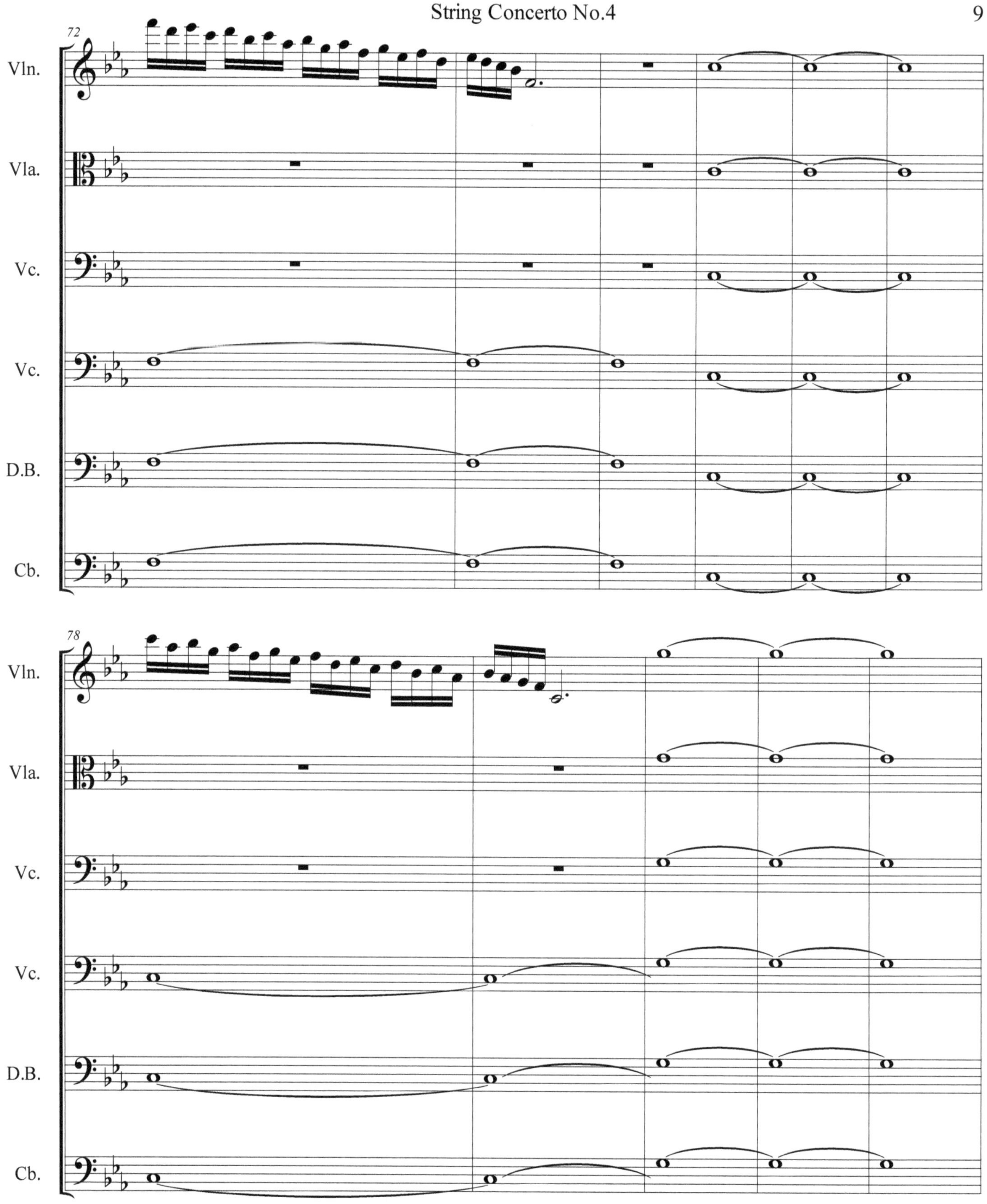

72

Vln.

Vla.

Vc.

Vc.

D.B.

Cb.

78

Vln.

Vla.

Vc.

Vc.

D.B.

Cb.

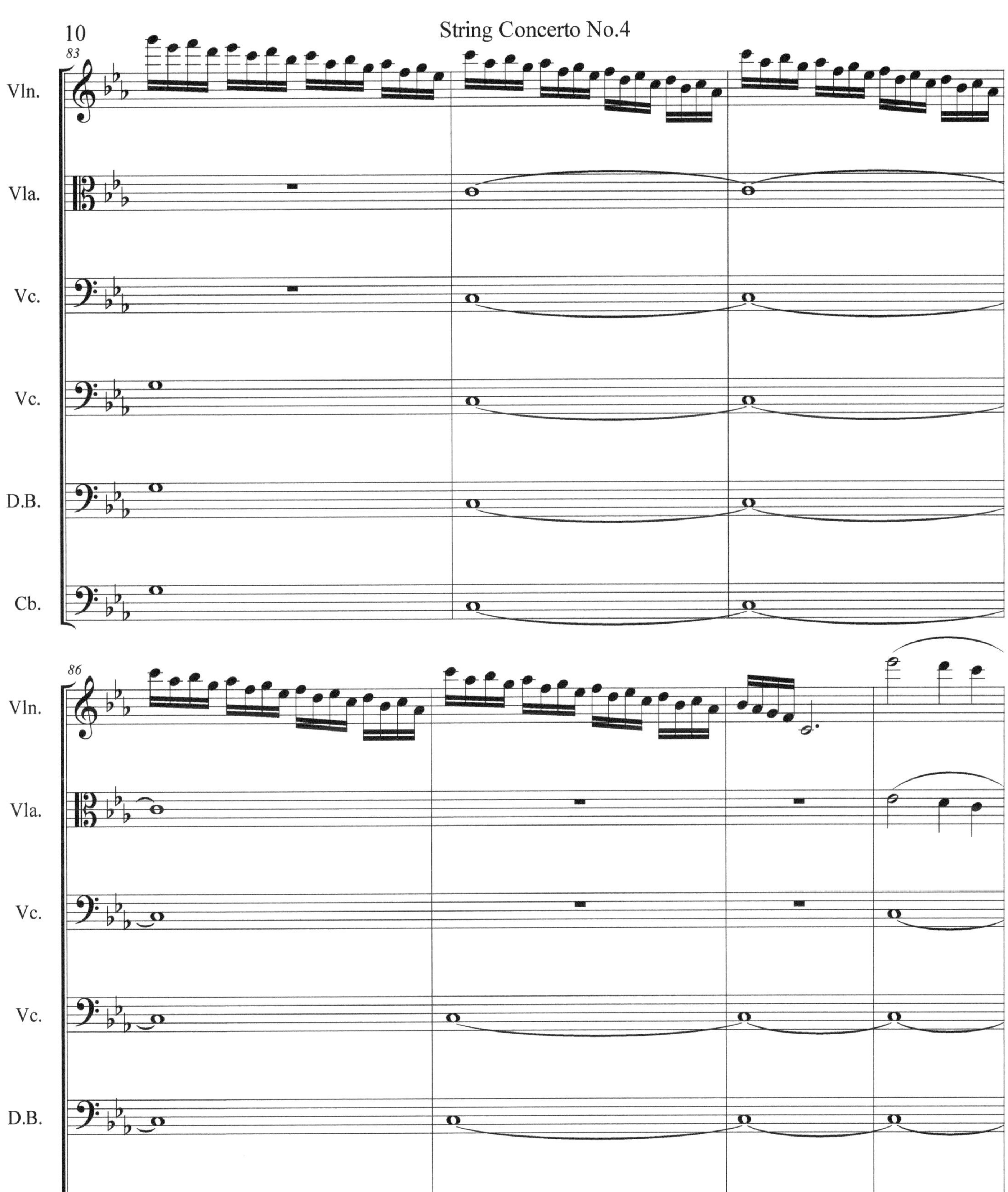
83
Vln.
Vla.
Vc.
Vc.
D.B.
Cb.
86
Vln.
Vla.
Vc.
Vc.
D.B.
Cb.

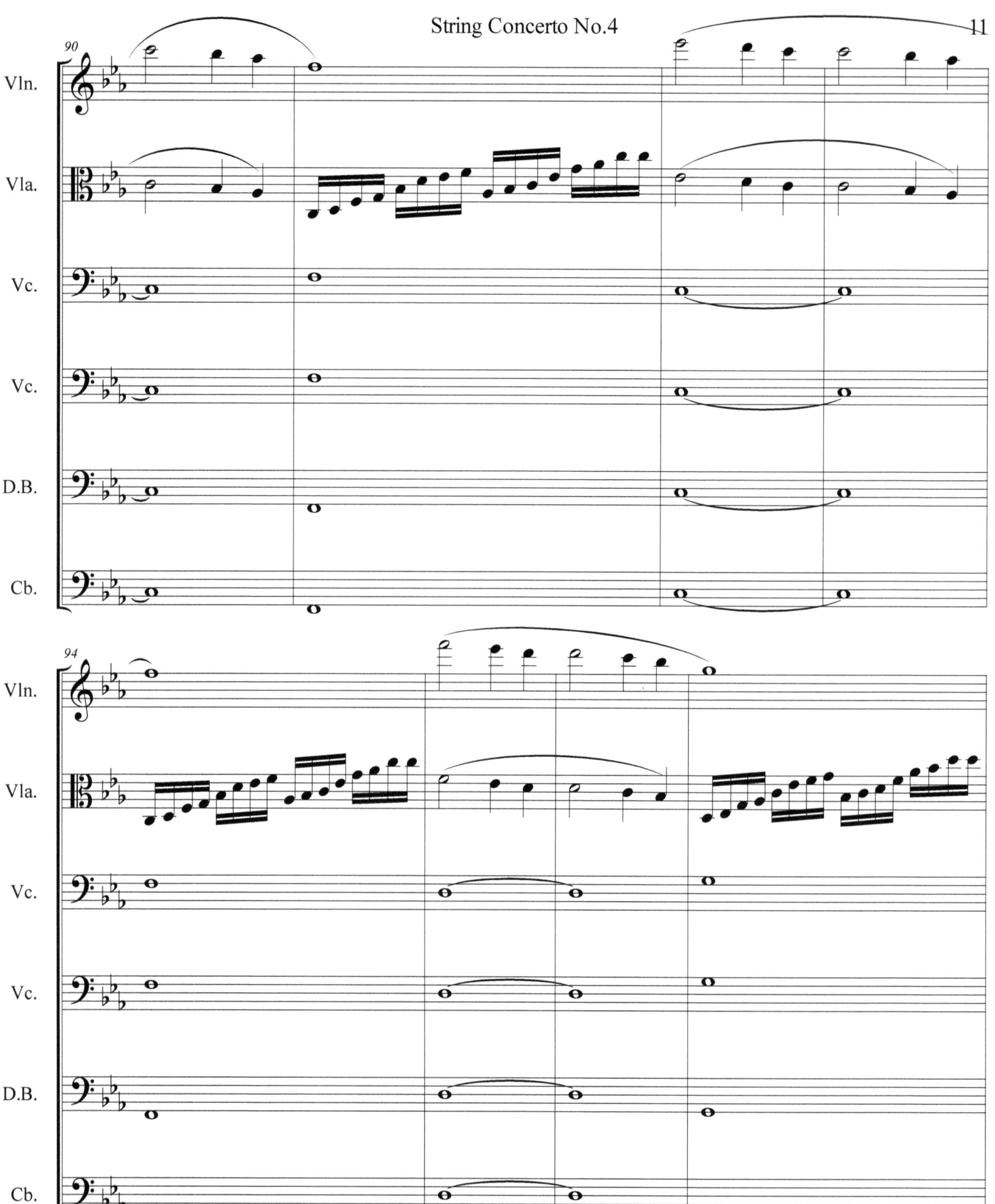
90
Vln.
Vla.
Vc.
Vc.
D.B.
Cb.
94
Vln.
Vla.
Vc.
Vc.
D.B.
Cb.

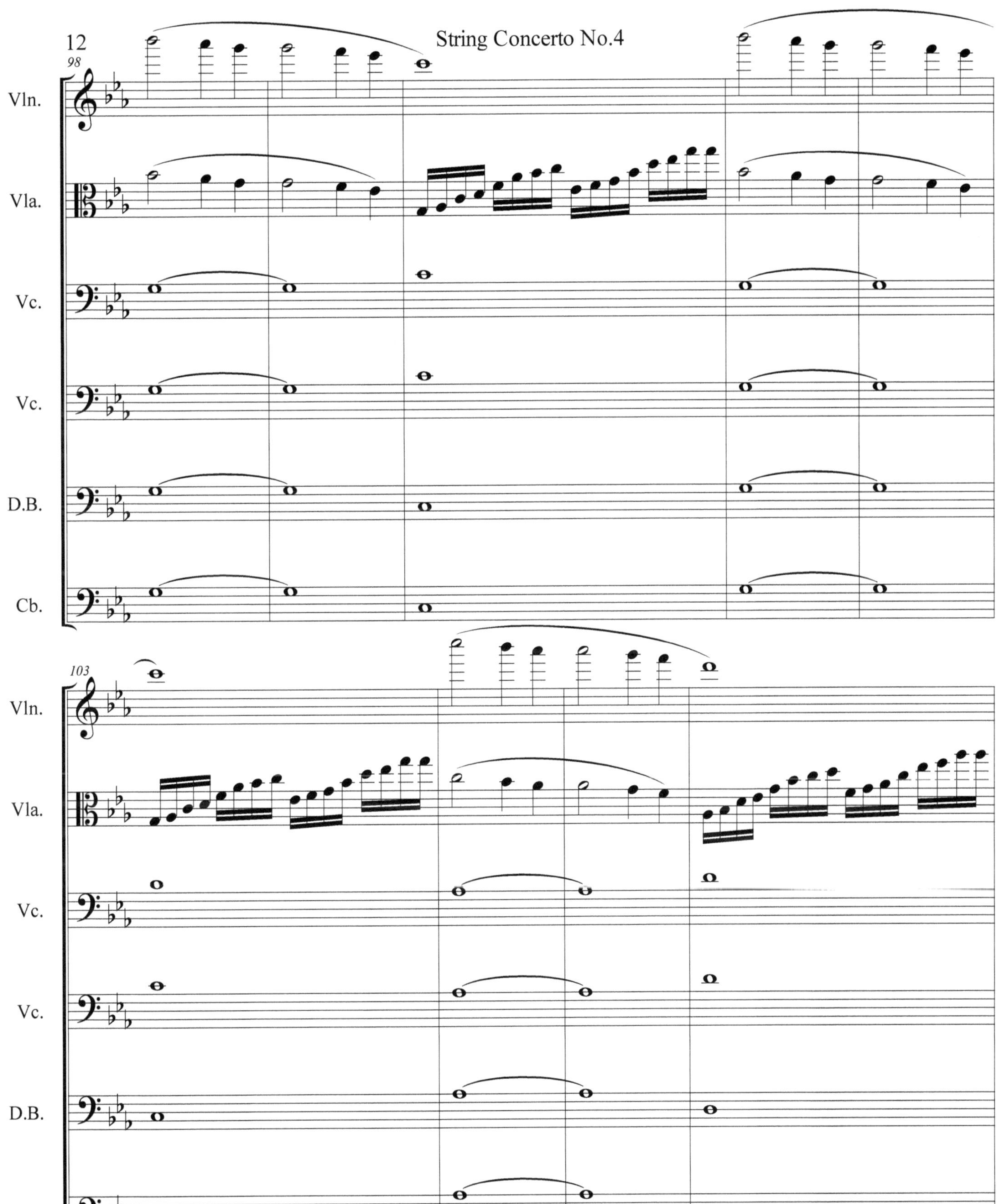
98
Vln.
Vla.
Vc.
Vc.
D.B.
Cb.
103
Vln.
Vla.
Vc.
Vc.
D.B.
Cb.

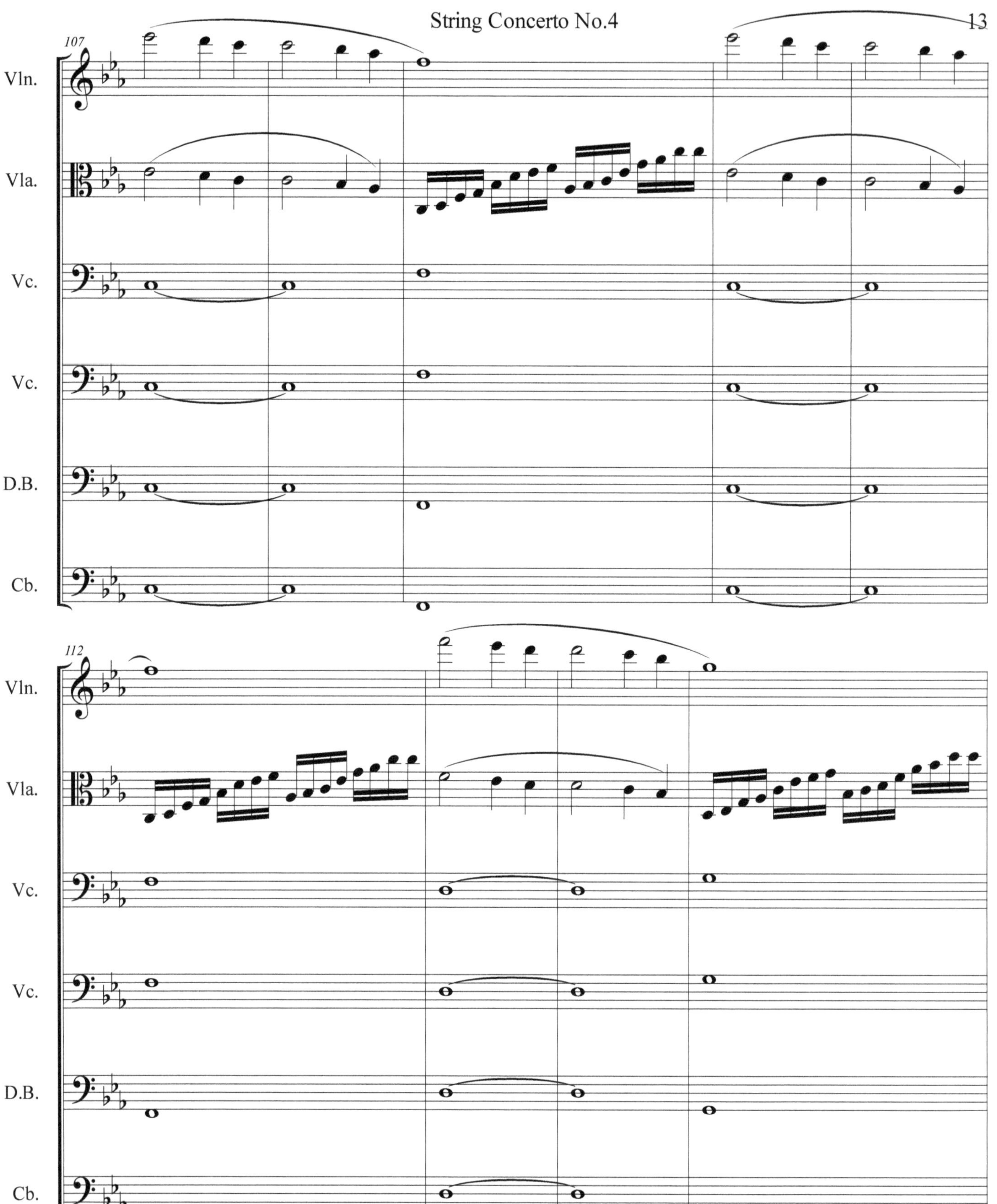
107
Vln.
Vla.
Vc.
Vc.
D.B.
Cb.
112
Vln.
Vla.
Vc.
Vc.
D.B.
Cb.

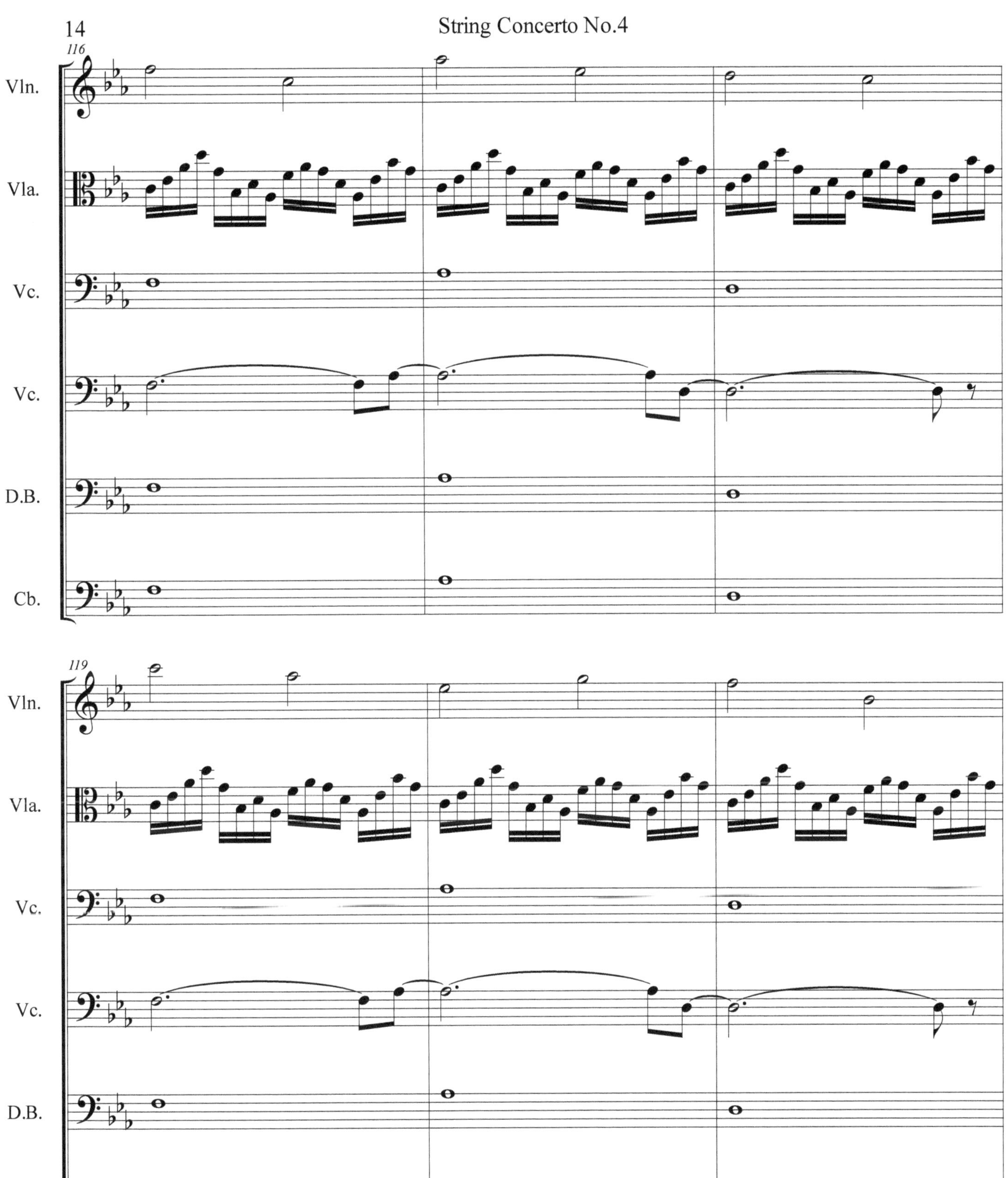
116
Vln.
Vla.
Vc.
Vc.
D.B.
Cb.
119
Vln.
Vla.
Vc.
Vc.
D.B.
Cb.

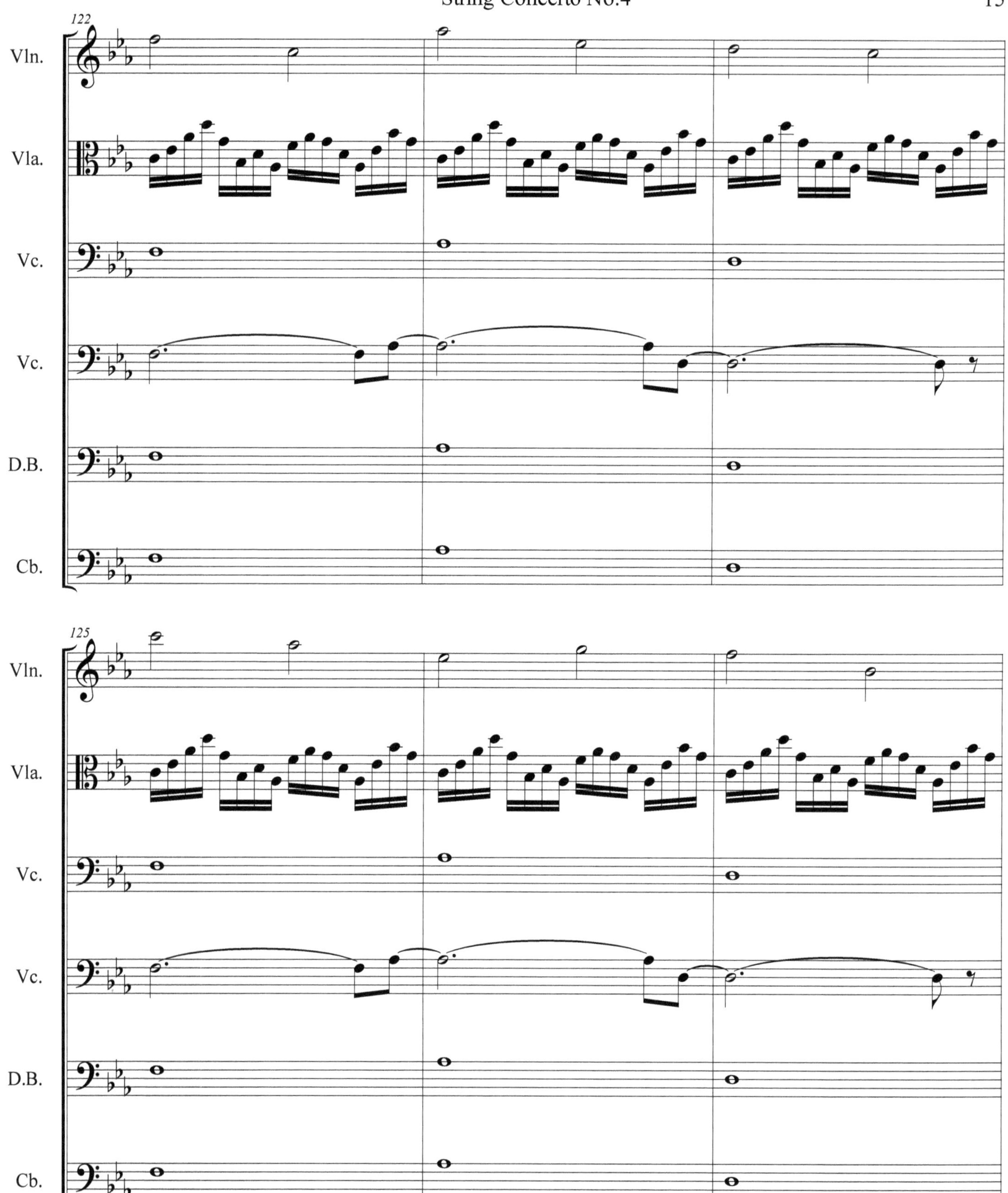
122
Vln.
Vla.
Vc.
Vc.
D.B.
Cb.
125
Vln.
Vla.
Vc.
Vc.
D.B.
Cb.

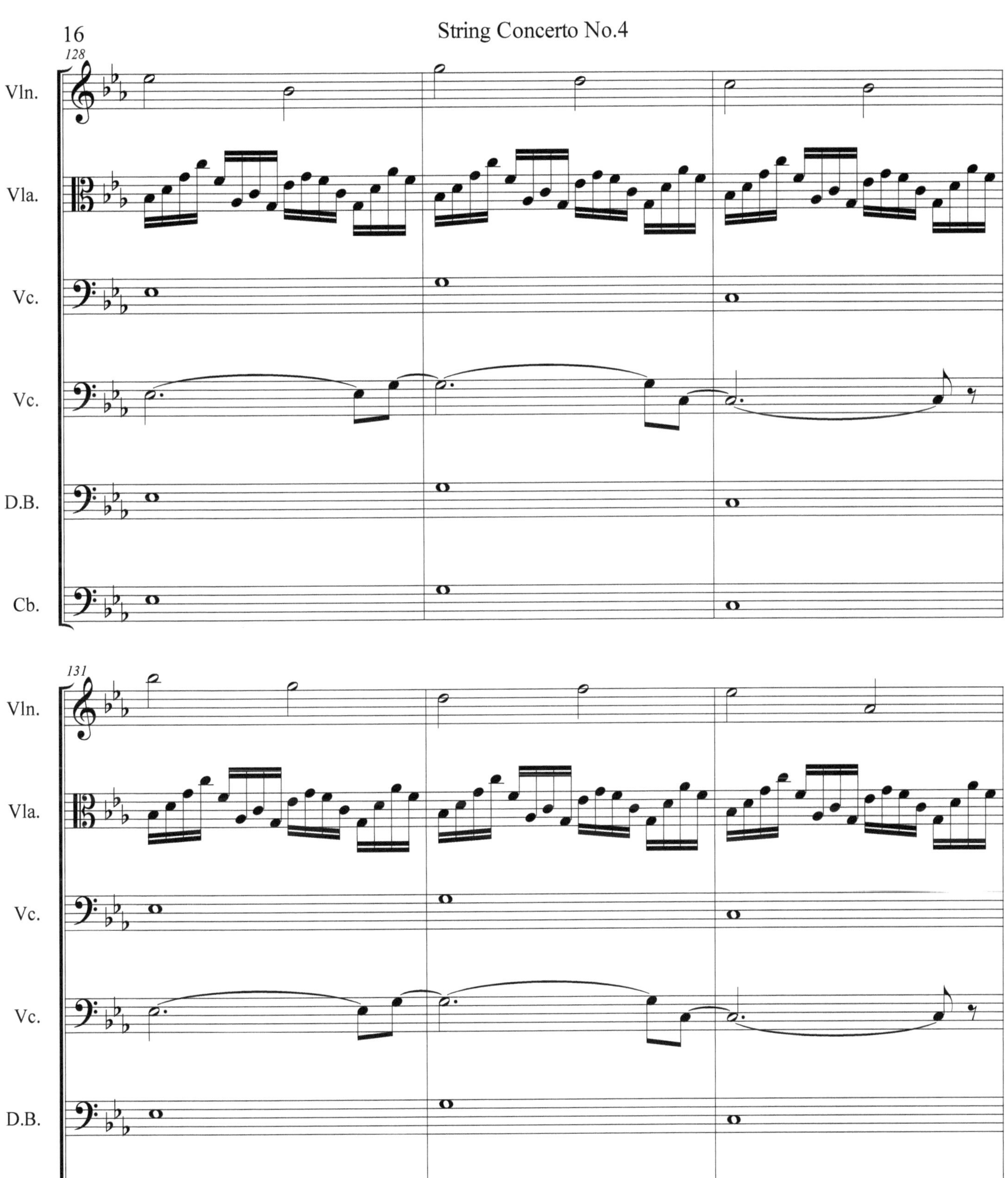
128
Vln.
Vla.
Vc.
Vc.
D.B.
Cb.
131
Vln.
Vla.
Vc.
Vc.
D.B.
Cb.

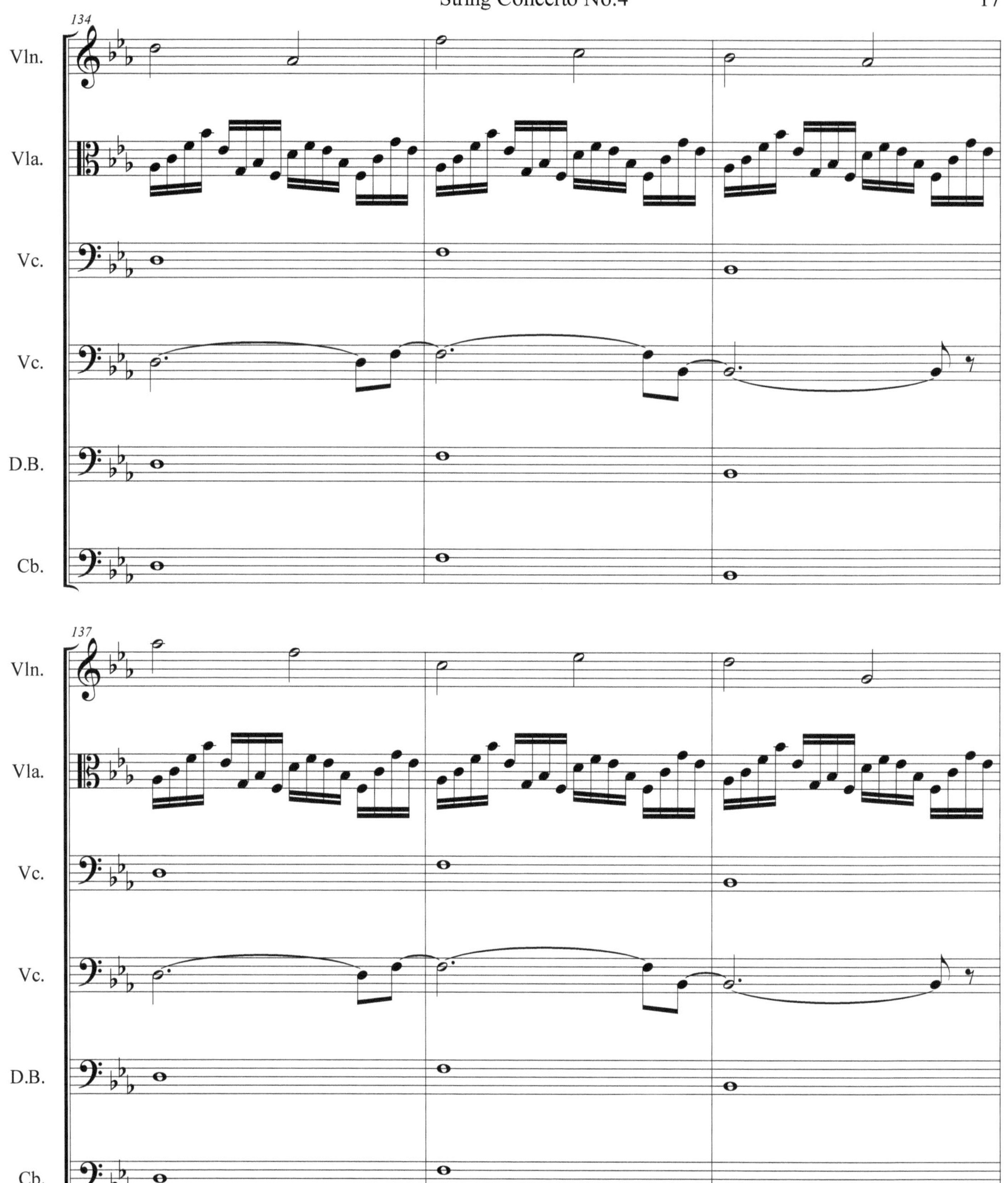
134
Vln.
Vla.
Vc.
Vc.
D.B.
Cb.
137
Vln.
Vla.
Vc.
Vc.
D.B.
Cb.

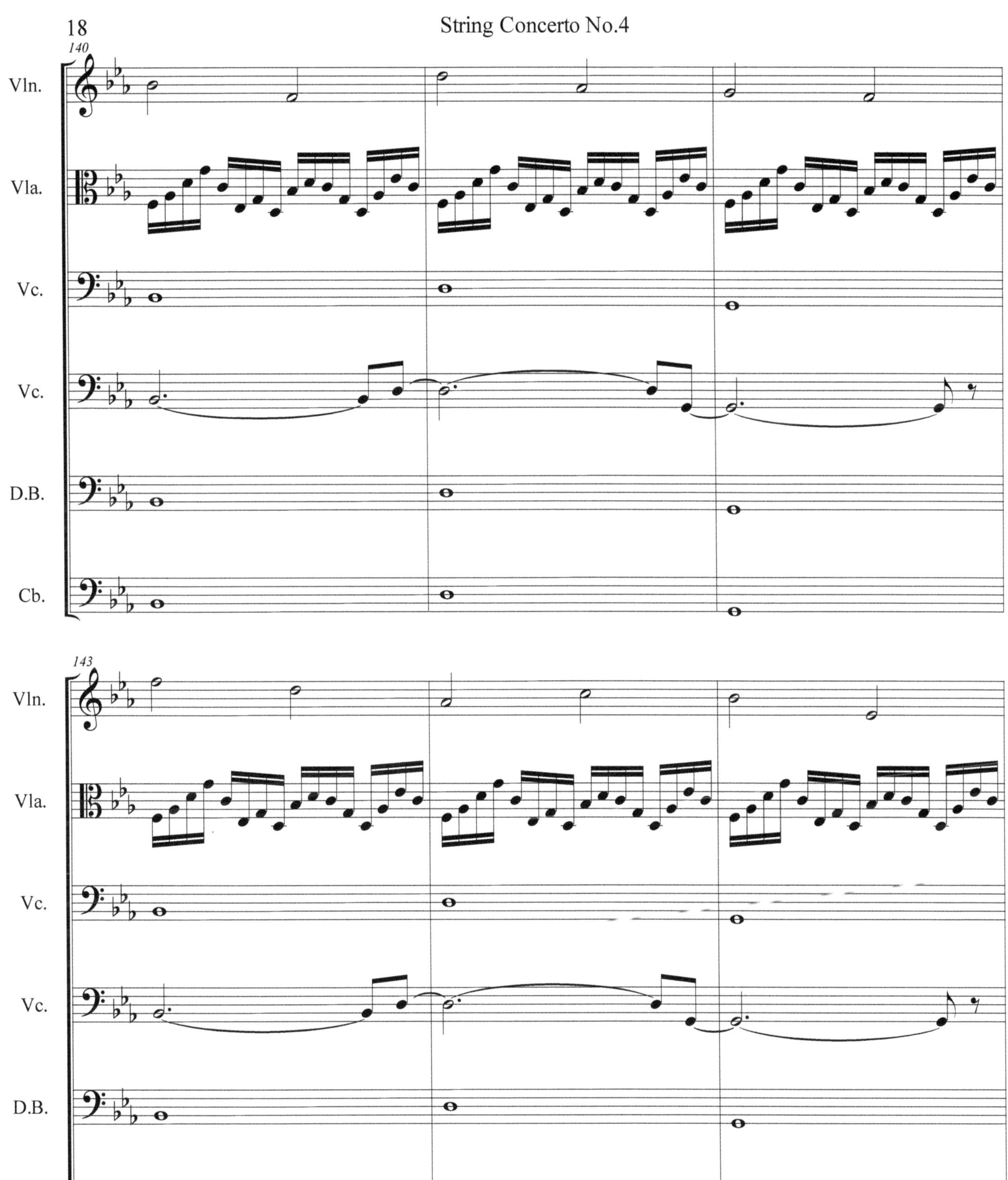
140
Vln.
Vla.
Vc.
Vc.
D.B.
Cb.
143
Vln.
Vla.
Vc.
Vc.
D.B.
Cb.

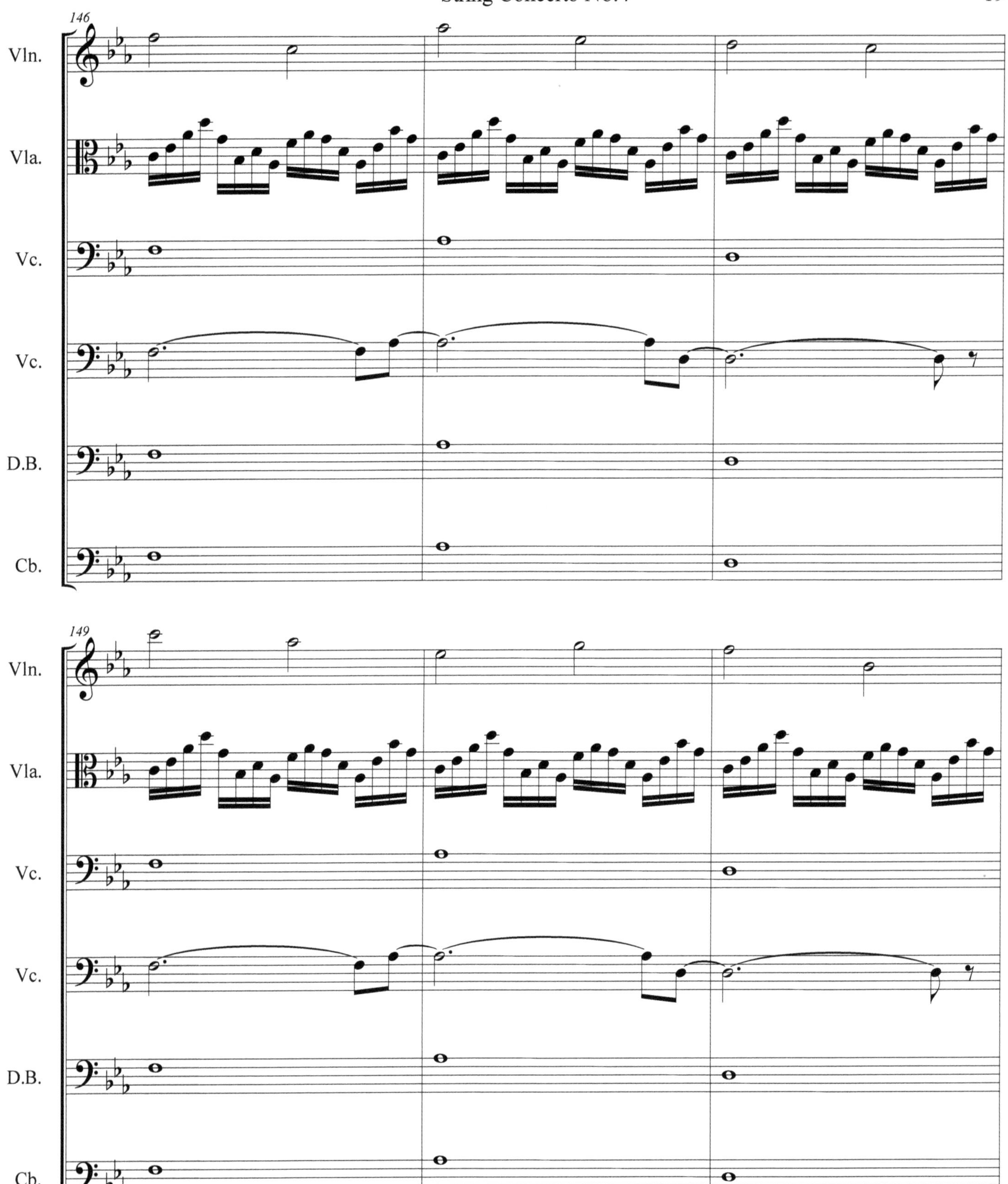
146
Vln.
Vla.
Vc.
Vc.
D.B.
Cb.
149
Vln.
Vla.
Vc.
Vc.
D.B.
Cb.

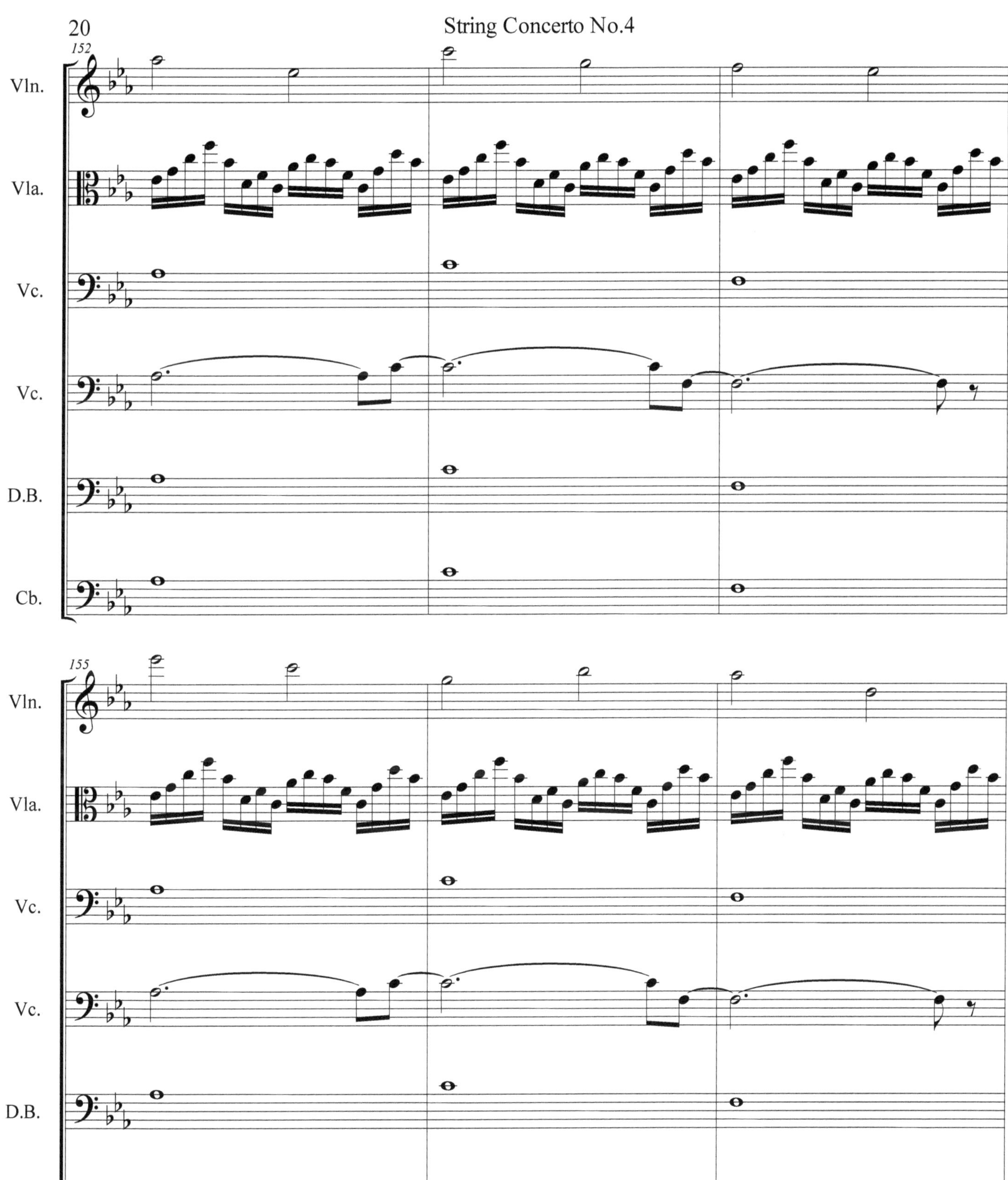
152
Vln.
Vla.
Vc.
Vc.
D.B.
Cb.
155
Vln.
Vla.
Vc.
Vc.
D.B.
Cb.

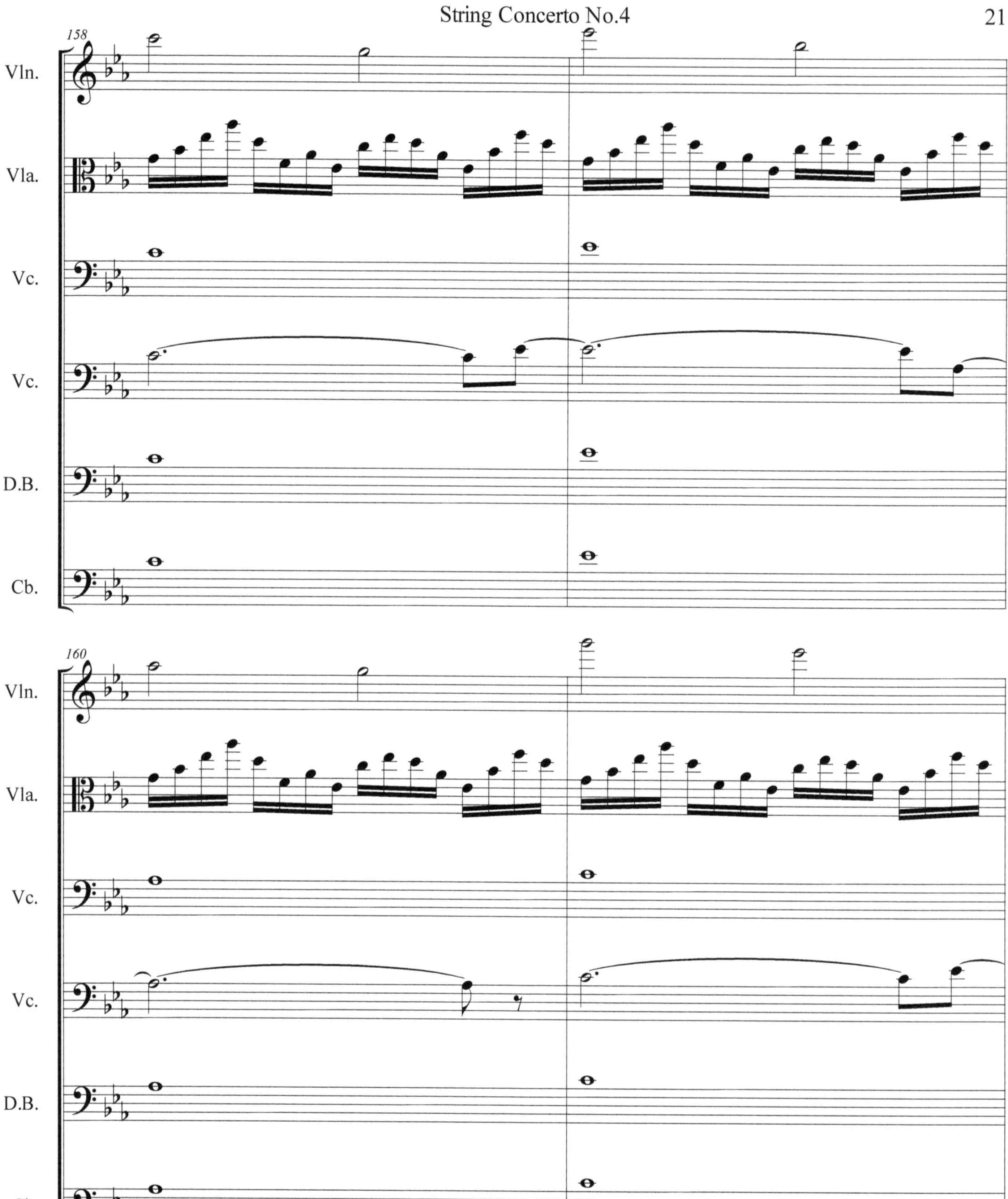
158
Vln.
Vla.
Vc.
Vc.
D.B.
Cb.
160
Vln.
Vla.
Vc.
Vc.
D.B.
Cb.

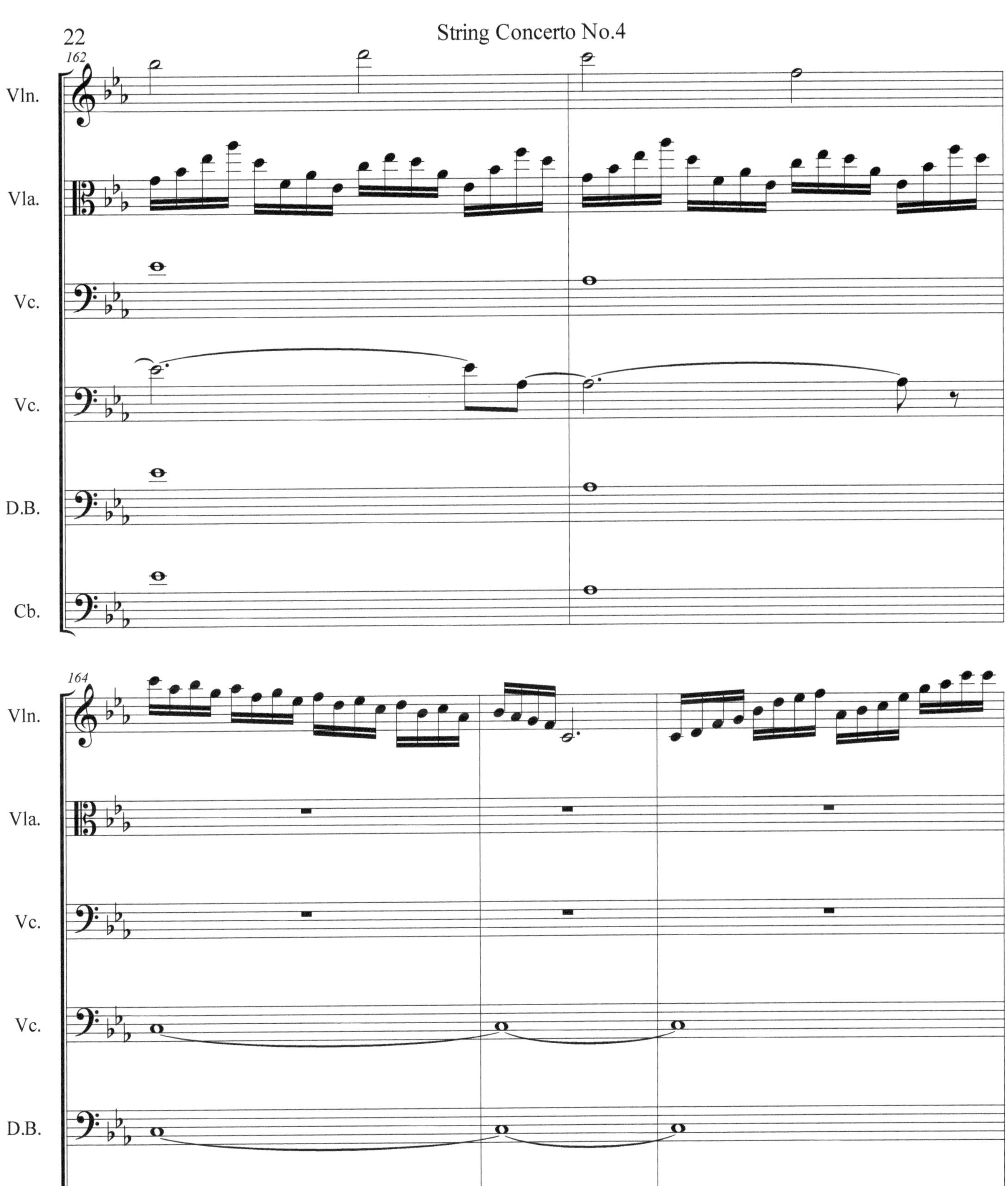
162
Vln.
Vla.
Vc.
Vc.
D.B.
Cb.
164
Vln.
Vla.
Vc.
Vc.
D.B.
Cb.

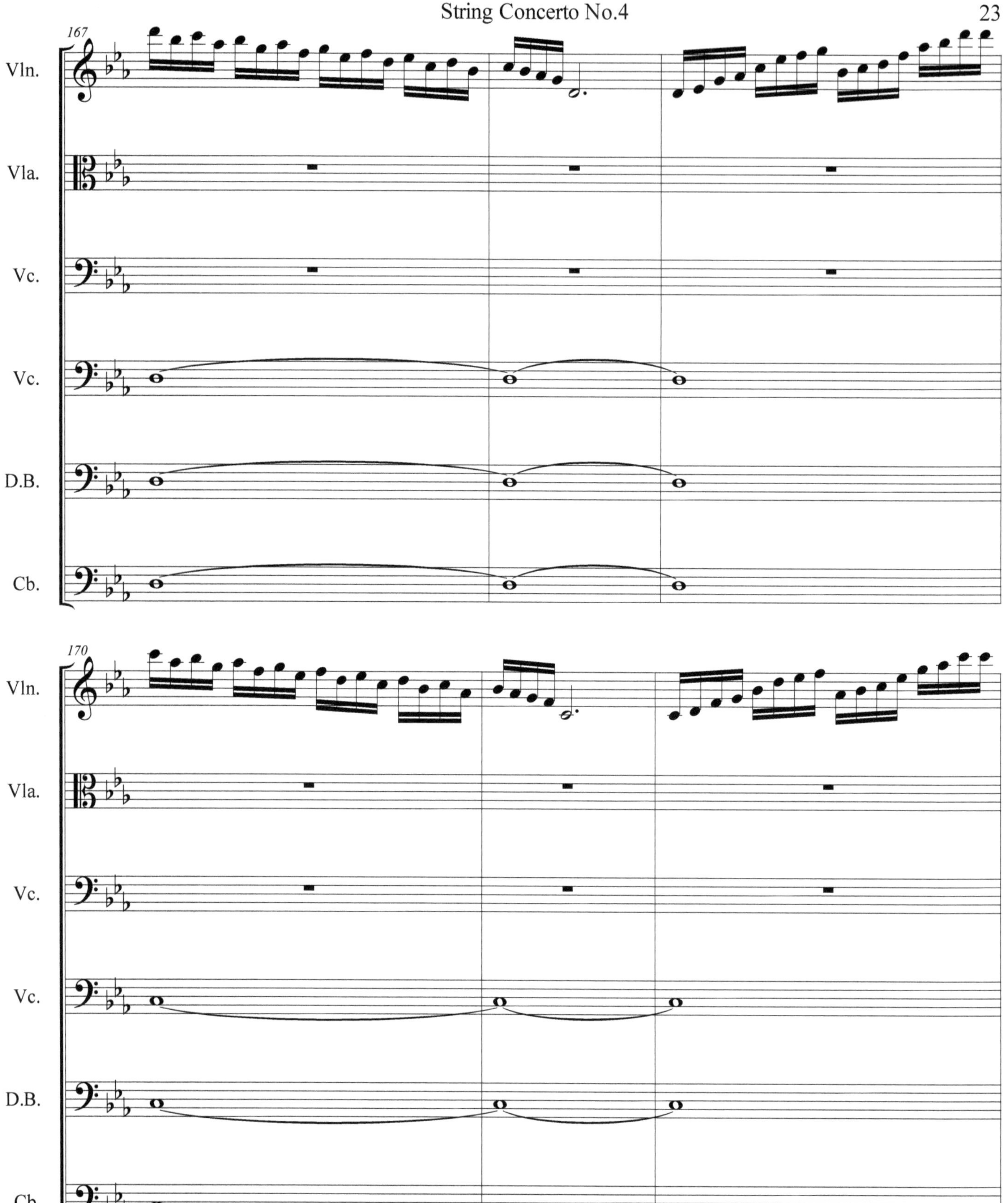
167
Vln.
Vla.
Vc.
Vc.
D.B.
Cb.
170
Vln.
Vla.
Vc.
Vc.
D.B.
Cb.

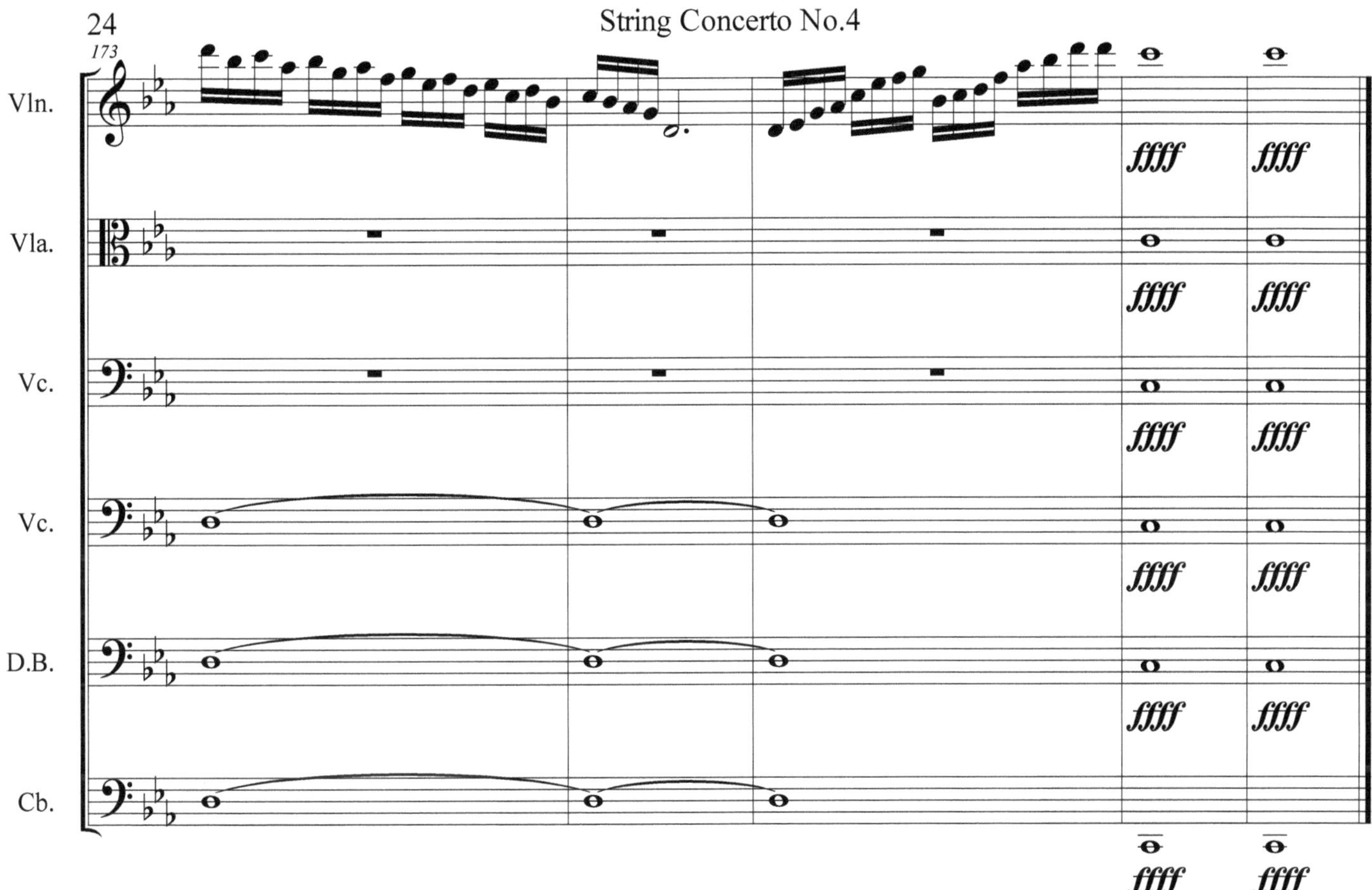
173
Vln.
Vla.
Vc.
Vc.
D.B.
Cb.
ffff
ffff
ffff
ffff
ffff
ffff
ffff
ffff
ffff
ffff
ffff
ffff

Other Works

Etude No.1

Etude No.2

Etude No.3

Etude No.4

Etude No.5

Etude No.6

Etude No.7

Etude No.8

Etude No. 9

Etude No. 10

Etude No. 11

Etude No. 12

Etude No. 13

Etude No. 14

Etude No. 15

Etude No. 16

Etude No. 17

Etude No. 18

Etude No. 19

Etude No.20

Etude No.21

Consolation No.1

Consolation No.2

Consolation No.3

Consolation No.4

Consolation No.5

Consolation No.6

Consolation No.7

Consolation No.8

Consolation No.9

Consolation No.10

Prelude No.1

Prelude No.2

Prelude No.3

Prelude No.4

Prelude No.5

Prelude No.6

Prelude No.7

Prelude No.8

Prelude No.9

Prelude No.10

Concert Etudes No.1

Concert Etudes No.2

Concert Etudes No.3

Hallucination No.1

Hallucination No.2

Hallucination No.3

Hallucination No.4

Hallucination No.5

Hallucination No.6

Hallucination No.7

Nocturne No.1

Nocturne No.2

Nocturne No.3

Nocturne No.4

Nocturne No.5

Nocturne No.6

String Concerto No.1

String Concerto No.2

String Concerto No.3

String Concerto No.4

Musical Poems No.1

Musical Poems No.2

Musical Poems No.3

Musical Poems No.4

Musical Poems No.5

Musical Poems No.6

Musical Poems No.7

Musical Moment No.

Musical Moment No.1

Musical Moment No.2

Musical Moment No.3

Musical Moment No.4

Musical Moment No.5

Musical Moment No. 6

Illusion No. 1

Illusion No. 2

Illusion No. 3

Illusion No. 4

Illusion No. 5

Illusion No. 6

Illusion No. 7

Illusion No. 8

Illusion No. 9

Illusion No. 10

Illusion No.11

Illusion No.12

Illusion No.13

Illusion No.14

Sonata No.1

Rhapsody to Williamson

Rhapsody to the Moon

Rhapsody Alabaresque

Rhapsody in C major

Momento Musical No.1

Momento Musical No.2

Momento Musical No.3

Momento Musical No.4

Momento Musical No.5

Momento Musical No.6

Momento Musical No.7

Momento Musical No.8

Piano Concerto No. 1

www.ingramcontent.com/pod-product-compliance
Ingram Content Group UK Ltd.
Pitfield, Milton Keynes, MK11 3LW, UK
UKHW051133260726
13967UKWH00010B/3027